BEI GRIN MACHT SICH IHR WISSEN BEZAHLT

AF143995

- Wir veröffentlichen Ihre Hausarbeit, Bachelor- und Masterarbeit

- Ihr eigenes eBook und Buch - weltweit in allen wichtigen Shops

- Verdienen Sie an jedem Verkauf

Jetzt bei www.GRIN.com hochladen und kostenlos publizieren

Trainingsplan zur Körperfettreduktion und Steigerung der Ausdauer (Weibliche Klientin, 24 Jahre)

GRIN ☺

Bibliografische Information der Deutschen Nationalbibliothek:

Die Deutsche Nationalbibliothek verzeichnet diese Publikation in der Deutschen Nationalbibliografie; detaillierte bibliografische Daten sind im Internet über http://dnb.d-nb.de abrufbar.

ISBN: 9783346784285
Dieses Buch ist auch als E-Book erhältlich.

Druck und Bindung: Books on Demand GmbH, Norderstedt Germany
Gedruckt auf säurefreiem Papier aus verantwortungsvollen Quellen

Das vorliegende Werk wurde sorgfältig erarbeitet. Dennoch übernehmen Autoren und Verlag für die Richtigkeit von Angaben, Hinweisen, Links und Ratschlägen sowie eventuelle Druckfehler keine Haftung.

Das Buch bei GRIN: https://www.grin.com/document/1309914

Inhaltsverzeichnis

1   Diagnose

1.1   Allgemeine und biometrische Daten

Tabelle 1: Allgemeine und biometrische Daten der Person (eigene Darstellung)

Alter	24 Jahre

Geschlecht	Weiblich
Körpergröße	168 cm
Körpergewicht	62 kg
BMI	22.0 → Normalgewicht (vgl. Tabelle 4)
Blutdruck	110/75 mmHg → nach Normwerten: Optimalwert (vgl. Tabelle 2)
Ruhepuls	61 Schläge/Minute (S/min) → nach Normwerten: Untrainiert (vgl. Tabelle 3)
Berufliche Tätigkeit	Duale Studentin der Betriebswirtschaftslehre, Arbeitgeber: Kaufland, hauptsächlich im Büro arbeitend
Trainingsmotive	Körperfettreduktion (Körperfettanteil von derzeit 23%), Fitness und Lebensqualität steigern, Ausgleich zum Lernen, möchte gerne in Zukunft an einem Halbmarathon teilnehmen
Aktuelle und frühere sportliche Aktivitäten	Aktuell: - Ausdauertraining im Fitnessstudio (2 Mal/Woche für 1 Stunde seit 1,5 Jahren): Walking (mit 15% Steigung), Fahrrad oder Stepper (Leistungsstufe: moderat ausdauertrainiert) - Krafttraining im Fitnessstudio: 3 Mal/Woche seit 1,5 Jahren ohne systematische Trainingsplanung (Leistungsstufe: Fortgeschritten) Früher: - Reiten 2 Mal/Woche für 1,5 Jahre (Leistungsstufe: Fortgeschritten) - Ballett 1 Mal/Woche für 6 Jahre (Leistungsstufe: Leistungstrainierend)
Zeitlicher Verfügungsrahmen	Montag-Freitag: 6 Uhr bis 8 Uhr und 19 Uhr bis 22 Uhr
Allgemeiner Gesundheitszustand	Keine Einnahme von Medikamenten Keine ärztliche Behandlungen Keine internistischen oder orthopädischen Probleme
Sonstige gesundheitliche Einschränkungen	Keine

Tabelle 2: Blutdruckklassifikation der American Heart Association (modifiziert nach Mancia et al., 2013, S. 1286)

Bewertungsstufen	systolischer Blutdruck	diastolischer Blutdruck

Normblutdruck (Normotonie)		
optimal	unter 120 mmHg	unter 80 mmHg
normal	unter 130 mmHg	unter 85 mmHg
Bewertungsstufen	systolischer Blutdruck	diastolischer Blutdruck
hochnormal	130-139 mmHg	85-89 mmHg
Bluthochdruck (arterielle Hypertonie)		
Stufe 1	140-159 mmHg	90-99 mmHg
Stufe 2	160-179 mmHg	100-109 mmHg
Stufe 3	über 180 mmHg	über 110 mmHg

Tabelle 3: Normwerte Ruhepuls (modifiziert nach Weineck, 2003, S.50)

Untrainierte Person	60-80 S/min
Trainierte Person	50-60 S/min
Hochleistungssportler	unter 50 S/min

Tabelle 4: BMI-Normtabelle (modifiziert nach DGSP, 2007, S.26)

	BMI männliche Person	BMI weibliche Person
Untergewicht	Unter 20	Unter 19
Normalgewicht	20-25	19-24
Übergewicht	26-30	25-30
Adipositas	31-40	31-40
Schwere Adipositas	Größer 40	Größer 40

1.2 Leistungsdiagnostik/Ausdauertestung

Für die Person wird ein Stufentest nach dem Belastungsschema Hollmann und Venrath gewählt. Der WHO-Test ist für untrainierte Frauen, ältere Personen und stark Übergewichtige geeignet und kommt aufgrund der zu niedrigen Anforderungen nicht in Frage.

Das Testverfahren nach Hollmann und Venrath ist optimal für die Person, da sie zu der Zielgruppe dieses Schemas, der durchschnittlich bis gut trainierten Menschen, gehört. Außerdem betreibt sie bereits regelmäßig Ausdauereinheiten auf dem Fahrradergometer und ist somit das Gerät gewohnt. Ihr kann dadurch auch eine Belastung von 150 Watt zugetraut werden. Dass die Belastung sehr exakt dosiert werden kann ist von großem Vorteil für zukünftige Re-Tests (zum intraindividuellen Leistungsvergleich).

Tabelle 5: Testprofil (modifiziert nach IPN, 2004)

Eingangsbelastung	30 Watt
Stufendauer	3 Minuten
Belastungssteigerung	40 Watt
Pulsobergrenze	150 S/min
Umdrehungszahl	60-80 Umdrehungen/Minute (U/min)

Nach Voreinstufungsverfahren der IPN-Tabelle soll eine Person mit einem Ruhepuls von 60-69 S/min eine Zielherzfrequenz von 145 S/min erreichen. Da die Person mit ihrem bisherigen Trainingsumfang laut IPN der Voreinstufung einer moderaten Ausdauersportlerin entspricht, rechnet man den Pulsaufschlag von 5 S/min dazu (vgl. Trunz, 2001; IPN, 2004, S. 4). Somit liegt die Pulsobergrenze bei 150 S/min. Bei Erreichen dieser Pulsobergrenze wird der Testverlauf beendet. Die Person soll dann mindestens 5 Minuten locker Ausfahren.

Tabelle 6: Testprotokoll der Person (eigene Darstellung)

Zeit in Minuten	Watt	Herzfrequenz nach 1. Minute	Herzfrequenz nach 2. Minute	Herzfrequenz nach 3. Minute
1-3	30	61	67	71
4-6	70	76	87	95
7-9	110	105	112	118
10-12	150	124	129	135
13-15	190	141	145	150

Die Person hat 5 Belastungsstufen erfolgreich durchfahren. Die maximale Wattzahl, die sie mit ihrer Pulsobergrenze (150 S/min nach IPN) fahren konnte, beträgt 190 Watt bei 15 Minuten. Daraus ergibt sich eine relative Wattleistung von 3,06 Watt/kg Körpergewicht. Errechnet wurde dieser Wert, indem man die 190 Watt durch 62kg Körpergewicht der Person teilt.

Laut der Normtabelle für submaximale Radergometertests (vgl. IPN, 2004, S.8) ist eine Frau unter 30 Jahren mit der relativen Watt-Soll-Leistung von 3,06 Watt/kg Körpergewicht eine sehr gut trainierte Ausdauersportlerin. Im interindividuellen Leistungsvergleich schneidet die Person also sehr gut ab.

Auffällig ist jedoch, dass zwischen der 4. bis zur 7. Minute die höchste Steigerung des Ruhepuls stattfand. Daraus kann man schließen, dass die Grundlagenausdauer GA1 noch ausbaufähig ist, da sie im Bereich bis 70% Hf$_{max}$ im aeroben Bereich trainiert wird.

1.3 Gesundheits- und Leistungsstatus der Person

Der Gesundheits- und Leistungszustand der Person ist, laut den Angaben in Tabelle 1 (Ruhepuls, Blutdruck, allgemeiner Gesundheitszustand und sonstige gesundheitliche Einschränkungen) und dem (in Teilaufgabe 1.2) erbrachten Ausdauerleistungstest, einwandfrei. Die Person trainiert schon seit längerer Zeit ihre Ausdauer und gehört laut IPN sogar zu der Kategorie „sehr gut trainiert". Das zeigt, dass sie voll belastbar ist, keine Einschränkungen hat und gerne an ihre Belastungsgrenzen gehen kann.

2 Zielsetzung/Prognose

Tabelle 7: Zielsetzung (eigene Darstellung)

Inhalt	Ausmaß	Zeit
Körperfettreduktion	- 3 kg Körperfett - von 62 kg auf 59 kg Körpergewicht - 1-1,5% Körperfett pro Monat - Messung mithilfe einer bioelektrischen Impendanz- Analyse (BIA) alle 4 Wochen	4 Monate
Regeneration und Stressabbau	- Messung mithilfe der BORG-Skala - subjektives Belastungsempfinden - selbst aufgestellte Indikatoren wöchentlich festhalten auf Skala von 1-10	6 Monate
Stabilisierung und Entwicklung der Grundlagenausdauer GA1	- Re-Test des Stufentests nach dem Belastungsschema nach Hollmann und Venrath alle 4 Wochen - Spiroergometrie-Messung alle 12 Wochen	6 Monate

Die drei wesentlichen Ziele der Person sind die Körperfettreduktion, der Stressabbau und die Stabilisierung und Entwicklung der Grundlagenausdauer GA1.

Als Trainingsmotiv der Person wurde als erster Punkt die Körperfettreduktion angegeben. Da die Person einen normalen Körperfettanteil von 23% hat, wurde festgelegt, dass lediglich ca. 4% Körperfett weiter abgenommen werden sollen um schlanker und definier-ter zu wirken. Das wäre dann ein Endresultat von 18-19% Körperfett, was für eine Frau schon im niedrigen, aber noch gesunden Bereich liegt (Gallagher, D., et al., 2000, 72(3), S. 699). Gemessen wird der Körperfettanteil alle 4 Wochen mit einer bioelektrischen Impendanz-Analyse-Waage.

Auch wenn das Messverfahren nicht hundertprozentig zuverlässig ist kann man die gleiche Ausgangssituation der Person vor jeder Messung gut beeinflussen. So sollte sie beispielsweise jede Messung früh Morgens vor dem Frühstück machen, 250ml Wasser zuvor getrunken haben und einmal auf der Toilette gewesen sein.

Das Ziel der Regeneration und des Stressabbaus wird durch ihr Trainingsmotiv des Ausgleichs zum Lernen festgelegt. Der Sport soll ihr Spaß machen und sie in ihrem anspruchsvollen Lebensalltag, der als duale Studentin sowohl viel Lernaufwand als auch einen fordernden Arbeitsalltag beinhaltet, unterstützten.

Die Messung kann nur durch ihr subjektives Empfinden erfolgen. Dafür werden die Kategorien „Konzentrationsfähigkeit, Müdigkeit, Abgeschlagenheit, Stresslevel, Vitalität, Stimmung/Laune" jede Woche von einer Skala von 1-10 (1=sehr schlecht, 10=sehr gut) bewertet und festgehalten.

Da sie ihre Fitness- und Lebensqualität steigern und vielleicht sogar irgendwann einen Halbmarathon laufen möchte ist es enorm wichtig die Grundlagenausdauer GA1 zu stabilisieren und in Richtung der Grundlagenausdauer GA2 weiterzuentwickeln. Dadurch wird sie große Fitnesserfolge erzielen und gute Grundlagen für das spätere zielführende Halbmarathon-Training haben.

Gemessen wird durch erneute Re-Tests unter gleichem Ablauf der Testbedingungen der zuvor gemachten Leistungsdiagnostik des Hollmann und Venrath-Schemas (intraindividueller Leistungsvergleich). Ergänzend kann man auch eine Spiroergometrie im Abstand von beispielsweise 12 Wochen machen.

3 Trainingsplanung Mesozyklus

3.1 Grobplanung Mesozyklus

Tabelle 8: Grobplanung Mesozyklus 1 (eigene Darstellung)

Mesozyklus 1	
Dauer	6 Wochen
Trainingszielsetzung	Stabilisierung der Grundlagenausdauer GA1, Regenerations- und Kompensationsbereich (REKOM)
Belastungsumfang/Woche	2,5-3 Stunden
Trainingsmethoden	Extensive Dauermethode (EDM) variable Dauermethode (VDM)
Trainingsintensität	55% Hf_{max} (REKOM) 70% Hf_{max} (EDM) 70-75% Hf_{max} (VDM)
Trainingshäufigkeit/Woche	3-4-mal
Dauer pro Trainingseinheit	-30-40 min (REKOM) -40-90 min (EDM) -45-60 min (VDM)
Trainingsgeräte	Laufband, Fahrrad, Ruderergometer

3.2 Detailplanung Mesozyklus

Tabelle 9: Detailplanung Mesozyklus 1, Woche 1 und 2 (eigene Darstellung)

Woche 1	Mo	Mi	Fr	Woche 2	Mo	Mi	Fr
Trainingsziel	GA1	GA1	REKOM	Trainingsziel	GA1	GA1	REKOM
Trainingsmethode	EDM	EDM	EDM	Trainingsmethode	VDM	EDM	EDM
Trainingsintensität	70% Hf_{max}	70% Hf_{max}	55% Hf_{max}	Trainingsintensität	70-75% Hf_{max}	70% Hf_{max}	55% Hf_{max}
Trainingsdauer	60 min	60 min	30 min	Trainingsdauer	60 min	60 min	30 min
Trainingsgerät	Fahrrad	Laufband	Ruderergometer	Trainingsgerät	Fahrrad	Laufband	Ruderergometer

Tabelle 10: Detailplanung Mesozyklus 1, Woche 3 und 4 (eigene Darstellung)

Woche 3	Mo	Mi	Fr	Woche 4	Mo	Mi	Fr

Trainingsziel	GA1	GA1	REKOM	Trainingsziel	GA1	GA1	GA1
Trainingsmethode	VDM	EDM	EDM	Trainingsmethode	VDM	VDM	EDM
Trainingsintensität	70-75% Hf_{max}	70% Hf_{max}	55% Hf_{max}	Trainingsintensität	70-75% Hf_{max}	70-75% Hf_{max}	70% Hf_{max}
Trainingsdauer	60 min	90 min	30 min	Trainingsdauer	60 min	60 min	60 min
Trainingsgerät	Laufband	Fahrrad	Ruderergometer	Trainingsgerät	Fahrrad	Laufband	Ruderergometer

Tabelle 11: Detailplanung Mesozyklus 1, Woche 5 und 6 (eigene Darstellung)

Woche 5	Mo	Di	Do	Fr	Woche 6	Mo	Di	Do	Fr
Trainingsziel	REKOM	GA1	GA1	GA1	Trainingsziel	REKOM	GA1	GA1	GA1
Trainingsmethode	EDM	VDM	EDM	VDM	Trainingsmethode	EDM	VDM	EDM	VDM
Trainingsin tensität	55% Hf_{max}	70-75% Hf_{max}	70% Hf_{max}	70-75% Hf_{max}	Trainingsin tensität	55% Hf_{max}	70-75% Hf_{max}	70% Hf_{max}	70-75% Hf_{max}
Trainingsdauer	40 min	60 min	60 min	45 min	Trainingsdauer	40 min	60 min	60 min	45 min
Trainingsgerät	Ruderergometer	Laufband	Fahrrad	Laufband	Trainingsgerät	Ruderergometer	Fahrrad	Laufband	Fahrrad

3.3 Begründung zum Mesozyklus

Die erste Progressionsstufe beim Ausdauersport ist die Erhöhung der Trainingshäufigkeit.

Da die Person bereits 2-mal/Woche Ausdauersport leistet, wird die Häufigkeit jetzt auf 3-mal/Woche und zum Ende des Mesozyklus 1 bereits auf 4-mal/Woche erhöht.

Nachfolgend wird auch die Trainingsdauer/der Trainingsumfang gesteigert.

Tabelle 12: Trainingsdauer/-umfang der Person, Mesozyklus 1 (eigene Darstellung)

	Woche 1	Woche 2	Woche 3	Woche 4	Woche 5	Woche 6

| Stunden | 2:30h | 2:30h | 3h | 3h | 3:25h | 3:25h |

Die Intensität bleibt bei diesem Mesozyklus gleich. Sie wird erst in den folgenden, in dieser Einsendeaufgabe nicht aufgeführten, Mesozyklen erhöht.

Der Mesozyklus 1 ist an die Ziele der Person angepasst. Hauptsächlicher Bestandteil des Trainingplans ist die Stabilisierung der Grundlagenausdauer GA1. In einem Verhältnis von 2:1 oder 3:1 wird auch ein REKOM-Training miteingebunden um der Person die benötigte Regeneration und ein Training zum Stressabbau zu ermöglichen.

Dieses findet immer auf dem Ruderergometer statt um die Person an das, für sie neue, Gerät zu gewöhnen bei nicht allzu hoher Belastung. Der Bewegungsablauf kann so erlernt und perfektioniert werden. Außerdem verbrennt die Person dann auch im Regenerationstraining so viele Kalorien wie möglich, da die Rudermaschine ein Ganzkörpertraining, bei dem viele Muskeln arbeiten müssen, ist. So wird auch der Wunsch nach Fettreduktion (durch einen hohen Kalorienverbrauch an diesem Gerät) berücksichtigt.

Das Grundlagenausdauer-Training wird durch die extensive und die variable Dauermethode trainiert. Da die Person bis zu diesem Zeitpunkt nur extensiv trainiert hat wird erst nur eine neue Trainingsmethode in diesem ersten Mesozyklus miteinbezogen. Das schafft genug neue Reize für den Körper um Anpassungseffekte hervorzurufen. Das Herz-Kreislauf-System wird gestärkt und die periphere Durchblutung verbessert. Die Person wird ein höheres Leistungsniveau erreichen.

Die erste Woche wird also erst die Trainingshäufigkeit durch eine REKOM-Einheit erhöht. Im weiteren Verlauf wird der Trainingsumfang durch vermehrtes trainieren der variablen Dauermethode erhöht.

Die Intensität und Dauer der Trainingseinheiten bleibt während des Mesozyklus gleich. Beim REKOM-Training befindet sich die Intensität im Mittelmaß (empfohlen sind zwischen 50 und 60% Hf_{max}) und die Dauer im maximalen Bereich (empfohlen sind 15-30 Minuten) (vgl. Hottenrott, 2006).

Die Dauer von 60 Minuten bei einer Intensität von 70%Hf_{max} bei der extensiven Dauermethode zur Stabilisierung der Grundlagenausdauer GA1 sind ebenfalls an einem Mittelmaß zwischen dem normalen Anfängerniveau und dem Fortgeschrittenenniveau angesiedelt. Der Fettstoffwechsel wird angekurbelt und die aerobe Fitness wird verbessert (VO_{2max}) (vgl. Hottenrott, 2006).

Um dann doch noch etwas mehr zu fordern ist die variable Dauermethode mit eingebunden, allerdings mit einer niedrigen Intensität bei langer Belastung für diese Methode. So wird die Grundlagenausdauer GA1 in Richtung Grundlagenausdauer GA2 weiterentwickelt (vgl. Hottenrott, 2006). Die erste Hälfte wird mit 70% Hf_{max}, die zweite Hälfte mit 75% Hf_{max} trainiert. Die Trainingsgeräte Fahrradergometer und Laufband werden ausgeglichen trainiert um zusätzliche Abwechslung zu bieten.

Die Trainingsherzfrequenz wird durch die IPN-Formel bestimmt. Für die beiden Trainingsgeräte Fahrrad und Ruderergometer ergibt sich eine Trainingsherzfrequenz von

$((220-Lebensalter)-Hf_{Ruhe}) x Belastungsfaktor+Hf_{Ruhe}$

und für das Laufband von

$((220-0,75 x Lebensalter)-Hf_{Ruhe}) x Belastungsfaktor+Hf_{Ruhe}$.

Der Belastungsfaktor wird eingetragen, je nachdem mit wie viel Prozent die Person trainieren soll. Bei 70% Hf_{max} würde man demnach 0,7 als Belastungsfaktor in die Formel einsetzen.

Die errechneten Trainingsherzfrequenzen der Person sind in folgender Tabelle aufgelistet.

Tabelle 13: nach IPN errechnete Trainingsherzfrequenzen der Person (eigene Darstellung)

Fahrradergometer und Ruderergometer		Laufband	
Hf_{max}	S/min	Hf_{max}	S/min
50%	129	50%	132
55%	135	55%	140
60%	142	60%	147
65%	149	65%	154
70%	156	70%	161
Fahrradergometer und Ruderergometer		Laufband	
Hf_{max}	S/min	Hf_{max}	S/min
75%	162	75%	168
80%	169	80%	175
85%	176	85%	183

4 Literaturrecherche

Nachfolgend werden 2 Studien zum Thema „Effekte des Ausdauertrainings bei arterieller Hypertonie" dargestellt.

Tabelle 14: Studie 1 (eigene Darstellung)

„Effekte eines 12-wöchigen Ausdauertrainings auf die körperliche Leistungsfähigkeit und den psychischen Zustand von Patienten mit isolierter systolischer Hypertonie"	
Wer hat die Studie durchgeführt?	Meißner, Romy
In welchem Jahr wurde die Studie publiziert?	2011
Mit welchen Versuchspersonen wurde die Studie durchgeführt?	- 51 Probanden (24 Männer, 27 Frauen) - Hypertonie Stufe 1 - gegenwärtige Behandlung mit 1-5 antihypertensiven Medikamenten - Ausschlusskriterien waren: → regelmäßige sportliche Betätigung in den letzten 12 Wochen → periphere arterielle Verschlusskrankheit → Veränderungen der medikamentösen Therapie in den letzten 6 Monaten → Herzinsuffizienz → Aorteninsuffizienz/Stenose
Wie sah der Versuchsaufbau der Studie aus?	Einteilung in 2 Gruppen: → Trainingsgruppe (13 Männer, 11 Frauen) → Kontrollgruppe (11 Männer, 16 Frauen) Trainingsdurchführung: → 12 Wochen → 3 Trainingseinheiten pro Woche → Laufband → Intervallschema: Woche 1 und 2: 5 Mal 3 Minuten Woche 3 und 4: 4 Mal 5 Minuten Woche 5 und 6: 3 Mal 8 Minuten Woche 7 und 8: 3 Mal 10 Minuten Woche 9 und 10: 2 Mal 15 Minuten Woche 11 und 12: 1 Mal 30-40 Minuten - dauerhafte ärztliche Aufsicht - vor und nach dem Ablauf der 12 Wochen: Ruhe- und Belastungs-EKG, Laufband-Spiroergometrie, 24-Stunden-Bludruckmessung, Echokradiografie des Herzens
Welche relevanten Ergebnisse und Schlussfolgerungen lieferte die Studie?	- bei der Trainingsgruppe: Blutdrucksenkung durchschnittlich systolisch -31 mmHg, diastolisch keine Veränderungen - bei der Kontrollgruppe: Blutdrucksenkung durchschnittlich systolisch -22 mmHg, diastolisch keine Veränderungen - stark verbesserte Leistungsfähigkeit, Laktatwerte, Herzfrequenz der Trainingsgruppe → Absenkung des Blutdrucks durch Ausdauersport deutlich überdurchschnittlich

Tabelle 15: Studie 2 (eigene Darstellung)

„Auswirkungen von Ausdauer- vs. Krafttraining vs. der Kombination Ausdauer-/Krafttraining auf die systemische Hämodynamik, Gefäßelastizität sowie Herzfrequenzvariabilität bei Patienten mit arterieller Hypertonie"	
Wer hat die Studie durchgeführt?	Bickenbach, Anna Lena, Deutsche Sporthochschule Köln
In welchem Jahr wurde die Studie publiziert?	2011
Mit welchen Versuchspersonen wurde die Studie durchgeführt?	- 55 Probanden (13 Frauen, 42 Männer) zwischen 44 und 55 Jahren - alle Probanden hatten Hypertonie Stufe 1 und waren sportlich inaktiv (vgl. Tabelle 2) - BMI zwischen 25 und 32 (vgl. Tabelle 4) - Ausschlusskriterien waren: → Hypertonie Stufe 2 und 3 → Herzinsuffizienz → medikamentöse Einstellung die letzten 12 Wochen → koronare Herzkrankheiten → Herzinfarkt in den letzten 3 Monaten
Wie sah der Versuchsaufbau der Studie aus?	- randomisierte Einteilung der Probanden in 4 Gruppen: → Ausdauertrainingsgruppe → Krafttrainingsgruppe → Ausdauer- und Krafttrainingsgruppe → Kontrollgruppe - Durchführung Trainingsgruppen: → gruppenspezifisches Trainingsprogram → 12 Wochen → 3 Trainingseinheiten pro Woche → Warmup: 5 Minuten auf dem Fahrradergometer, $Hf_{Reserve}$: 40%, alle 2 Wochen 5% $Hf_{Reserve}$ Steigerung - Ausdauertrainingsgruppe: Fahrradergometer, 20 Minuten, alle 2 Wochen 5% $Hf_{Reserve}$ Steigerung - Krafttrainingsgruppe: Ganzkörper-Zirkel-Training an Kraftgeräten (2x13 Stationen, 10 Wiederholungen, 30 Sekunden Pause), ca. 30 Minuten, alle 2 Wochen 5% 1RM-Steigerung (One-Repetition-Maximum) - Ausdauer- und Krafttrainingsgruppe: beide Trainingsformen, ca. 1 Stunde - vor und nach den 12 Wochen ärztliche Untersuchung und Leistungsdiagnostik, 24 Stunden Blutdruckanalyse
Welche relevanten Ergebnisse und Schlussfolgerungen lieferte die Studie?	- Verringerung des systolischen Blutdrucks bei allen 3 Trainingsgruppen: → Ausdauertrainingsgruppe: -3,30 mmHg systolisch, -3.10 mmHg diastolisch

	→ Krafttrainingsgruppe: -4,90 mmHg systolisch, -3,70 mmHg diastolisch
	→ Ausdauer- und Krafttrainingsgruppe: -5,80 mmHg systolisch, -4,20 mmHg diastolisch
	→ Ausdauer- gepaart mit Krafttraining erzielt die höchsten positiven Veränderungen (möglicherweise auch auf doppelten Trainingsumfang zurückzuführen)

5 Literaturverzeichnis

Bickenbach, A.L. (2011). *Auswirkungen von Ausdauer- vs. Krafttraining vs. der Kombi-nation Ausdauer-/Krafttraining auf die systemische Hämodynamik, Gefäßelasti-zität sowie Herzfrequenzvariabilität bei Patienten mit arterieller Hypertonie.* Zugriff am 25.07.2018. Verfügbar unter http://esport.dshs-koeln.de/314/1/For-matvorlage_Diss_02052012.pdf

Gallagher, D., Heymsfield, S.B., Heo, M. Jebb, S.A., Murgatroyd, P.R., Sakamoto, Y., (2000). *Healthy percentage body fat ranges: an approach for developing guide-lines based on body mass index.* Am. J. Clin. Nutr. 72(3): 694-701

Hottenrott, K. (2006). *Trainingskontrolle mit Herzfrequenz-Messgeräten* (1. Aufl.). Aachen: Meyer & Meyer.

IPN. (2004). *IPN-Test© - Ausdauertest für den Fitness- und Gesundheitssport.* Köln: IPN.

Meißner, R.: *Effekte eines 12-wöchigen Ausdauertrainings auf die körperliche Leistungs-fähigkeit und den psychischen Zustand von Patienten mit isolierter systolischer Hypertonie.* Zugriff am 24.07.2018. Verfügbar unter https://refubium.fu-ber-lin.de/handle/fub188/9288

Trunz, E. (2001). *IPN-Test© - Ausdauertest für den Fitness- und Gesundheitssport. Köln, Institut für Prävention und Nachsorge.* Köln.

6 Tabellenverzeichnis